AF481013

Nudo

Alasti

Italiano-Estone

Libro illustrato bilingue per bambini

Richard Carlson

Suzanne Carlson

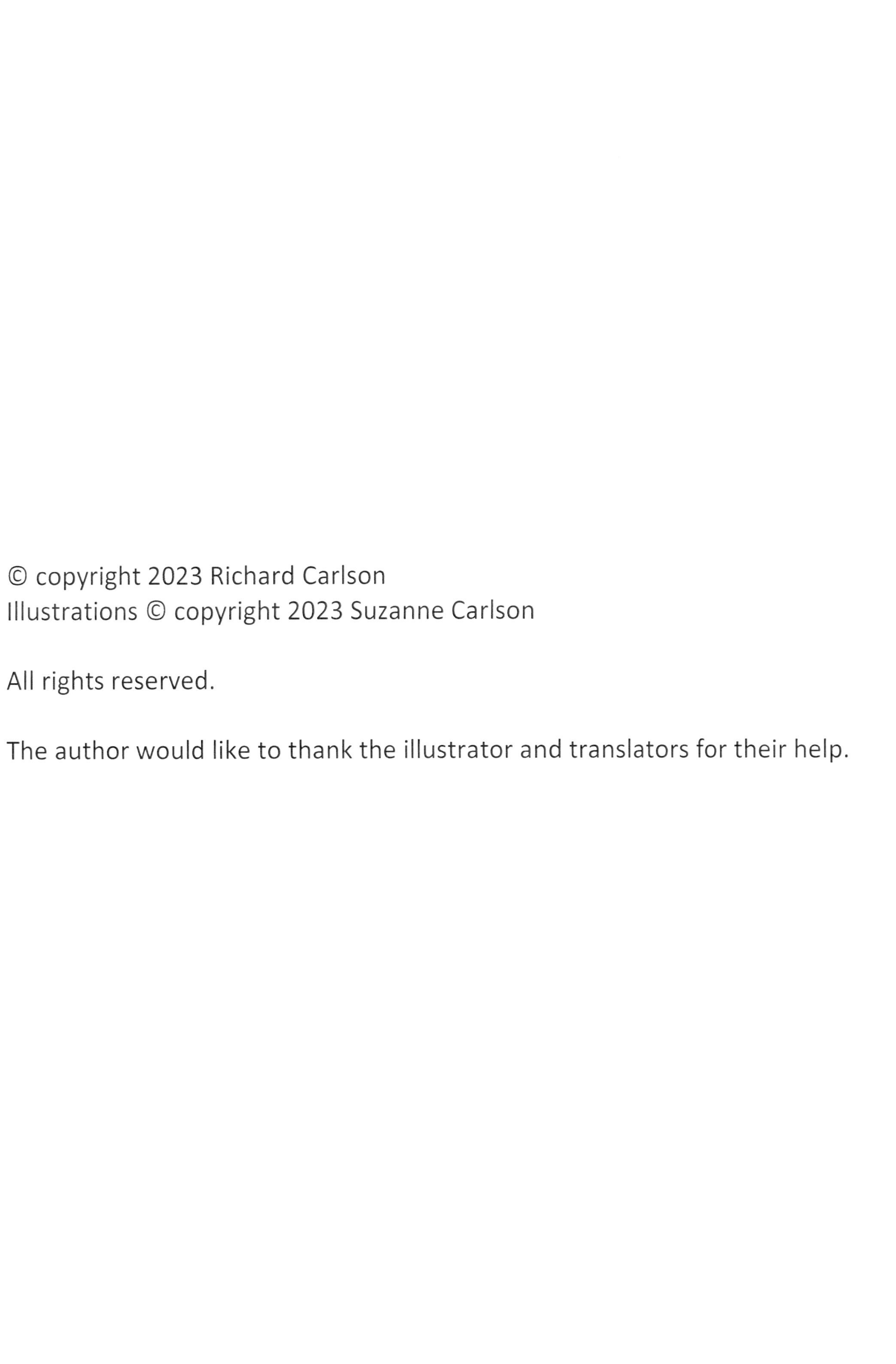

I miei due fratelli minori, Michael e Steven, ed io stavamo lottando in un'enorme, densa e profonda pozzanghera di fango nel nostro cortile. Poi, è arrivata l'ora di cena.

La mamma è entrata nel cortile sul retro e ha detto: "Spogliatevi che vi lavo".

Mu kaks nooremat venda, Michael ja Steven ja mina, maadlesime oma tagaaias tohutus, paksus ja sügavas porimülkas. Siis saabus õhtusöögi aeg.

Ema astus tagaaeda ja ütles: "Võta riided seljast ja ma pesen su voolikuga puhtaks."

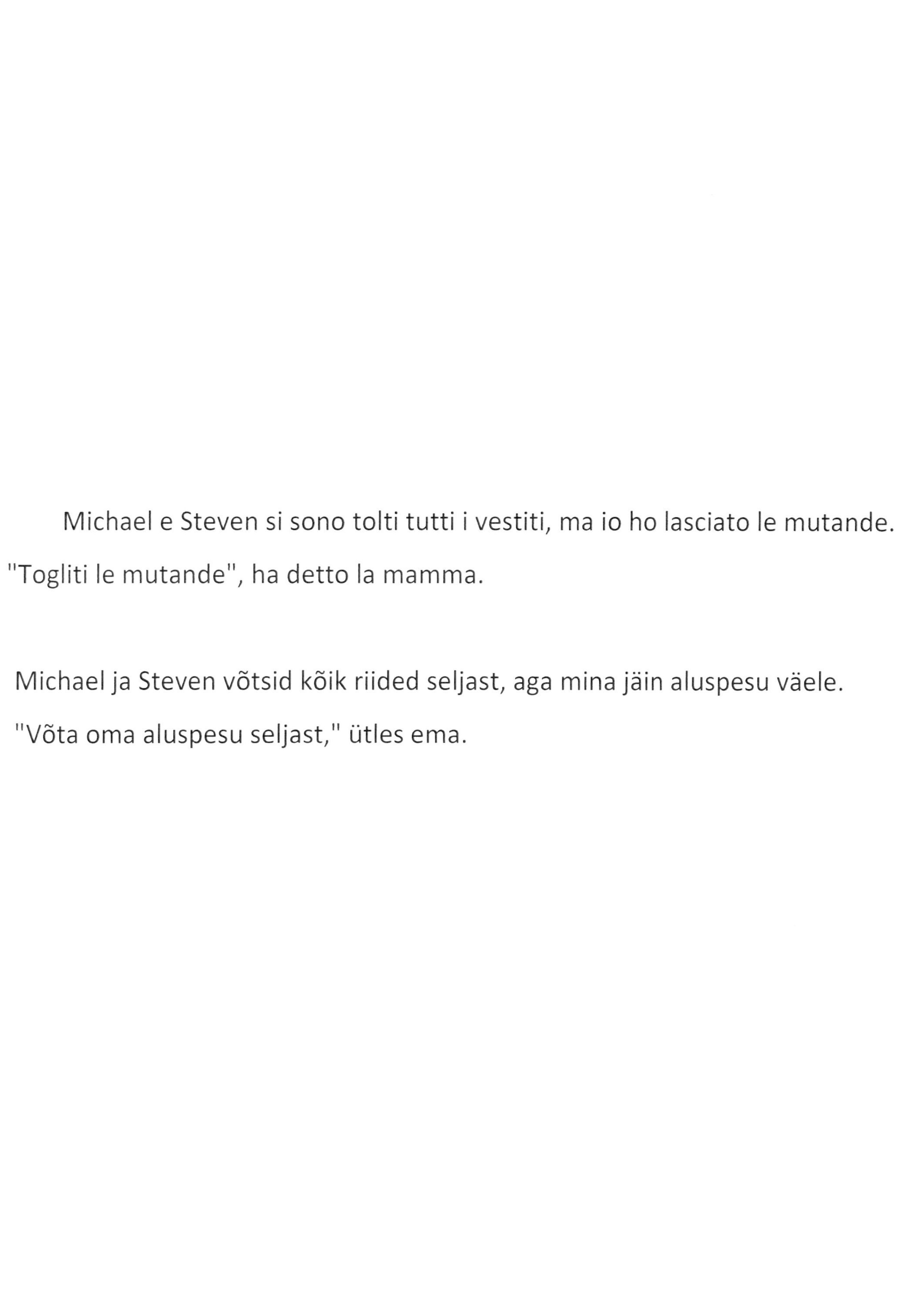

Michael e Steven si sono tolti tutti i vestiti, ma io ho lasciato le mutande.

"Togliti le mutande", ha detto la mamma.

Michael ja Steven võtsid kõik riided seljast, aga mina jäin aluspesu väele.

"Võta oma aluspesu seljast," ütles ema.

Mi è venuto un nodo in gola. Sarah, una ragazza della mia età, abitava nella casa accanto.

Sarebbe stato già abbastanza brutto per una ragazza vedermi in mutande, figuriamoci vedermi nudo. Sentivo il cuore che mi batteva in gola.

Mu süda langes saapasäärde. Naabermajas elas umbes minuvanune tüdruk Sarah.

Oleks piisavalt ebamugav, kui tüdruk näeks mind lihtsalt aluspesus, rääkimata sellest, kui ta näeks mind alasti. Tundsin, kuidas süda tahtis rinnust välja hüpata.

"Non voglio", risposi, accigliato e indicando la casa accanto alla nostra. "Sarah potrebbe vedermi nudo".

"Ma ei taha," vastasin, kortsutasin kulmu ja osutasin kõrvalmajale. "Sarah võib mind alasti näha."

"Va bene, puoi lasciartele addosso", ha risposto la mamma con un grande sorriso. Ho sentito il mio stomaco nervoso e tremante tornare alla normalità.

„Olgu, võid selle selga jätta," vastas ema laia naeratusega. Tundsin, et mu närviline ja värisev kõht muutus taas normaalseks.

La mamma mi ha spruzzato per lavarmi, poi abbiamo salito le scale fino al pianerottolo e siamo entrati attraverso la porta scorrevole.

Ema pesi mind voolikuga puhtaks ja siis kõndisime trepist üles teisele korrusele ning lükandukse kaudu sisse.

Dentro, mi sono sentito al sicuro, allora mi sono tolto le mutande. I miei fratelli ed io andammo velocemente, nudi, nelle nostre camere da letto e ci vestimmo di fresco.

Sono così felice di aver detto alla mamma come mi sentivo!

Toas tundsin end turvaliselt ja võtsin aluspesu seljast. Kiirustasin vendadega alasti oma magamistuppa ja panime puhtad riided selga.

Mul on nii hea meel, et rääkisin emale oma tunnetest!

Informazioni sul libro: Richard è un ragazzo molto timido, sensibile e fantasioso. Non c'è niente di più imbarazzante per lui di essere visto nudo da una ragazza. La mamma capirà la sua situazione e lo aiuterà a uscire dalla situazione scomoda in cui si trova? Basato su una storia vera accaduta a Stormville, nello stato di New York, USA, intorno al 1979.

L'autore: Richard Carlson Jr. è un autore di libri bilingui per bambini. www.richardcarlson.com

L'illustratrice: Suzanne Carlson, artista dotata di un talento poliedrico, si diverte a creare un'ampia gamma di progetti. www.suzannecarlson.com